Rencontre avec Amy Winehouse

« La survie de l'âme »

Rencontre avec Amy Winehouse
« La survie de l'âme »

Eric Laloeuf

Remerciements

J'aimerais exprimer ma gratitude à Claire MITTEREAU , autrice du livre « Histoire et légende de Kedalys », qui a permis à cet ouvrage de voir le jour, grâce à ces nombreux « contacts ». Merci pour ses encouragements.

Un grand merci à Christelle CARDEIHLAC, talentueuse médium, qui a su être réceptive à l'âme d'Amy, et a pu nous transmettre de magnifiques messages.

Merci à Jane ROBERTS, autrice décédée qui, bien avant les théoriciens du « New Age », incitait fortement ces lecteurs à vérifier par eux-mêmes certaines théories sur l'au-delà et les univers parallèles. Elle a été, et reste, pour moi une source d'inspiration.

Merci à tous les fans d'Amy qui, sur certains réseaux sociaux, ont commenté avec bienveillance les messages que j'envoyais. Sans vous, je n'aurais probablement pas eu l'idée de me lancer dans ce projet.

J'ai apprécié grandement le professionnalisme de l'équipe de « Stylo Plume », Laurence et Isabelle, pour leurs judicieux conseils.

Enfin, un immense merci à AMY, l'unique inspiratrice de cet ouvrage, à l'origine de mon premier livre. La sensation de ta présence a été un encouragement déterminant, pour la rédaction de cet écrit.

Rencontre avec Amy Winehouse - La survie de l'âme

Rencontre avec Amy Winehouse - La survie de l'âme

Introduction

Décembre 2019. Année importante puisqu'en prenant une retraite bien méritée, je m'installe à Ardentes, village de mes grands-parents, dans le Berry.

Ayant poursuivi une carrière professionnelle à Paris, je me rends compte que la vie dans ce lieu va radicalement me changer de l'univers parisien.

La capitale est une ville magnifique, j'en ai profité allègrement, cependant, la vie à la campagne présente aussi de nombreux avantages, mais ne remplace pas l'animation trépidante de « la Ville lumière ».

Partagé entre mon désir bucolique de « nature verte » et la nostalgie de Paname, je décide, pour garder le moral, de m'organiser en utilisant les réseaux sociaux et internet comme source de loisirs, ce que je n'avais fait jusqu'à maintenant, sauf bien sûr, dans le cadre de mon travail.

Pendant tout un trimestre, je vais grâce aux nouvelles technologies, écouter les musiques de ma jeunesse (Beatles, Rolling Stones…) me pencher sur les groupes féminins des années 60/70 et entendre des stars du « rythme and blues » tout en effectuant de splendides ballades dans la région.

Malheureusement, le 17 mars 2020, le premier confinement m'oblige à rester dans mon nouveau domicile. La vie est parfois surprenante, car indépendamment de mes goûts musicaux, je décide d'écouter toutes sortes de choses et je suis interpellé par l'action de plusieurs rappeurs qui décident de rendre hommage à une chanteuse disparue depuis 10 ans, Amy Winehouse.

N'ayant jamais suivi, durant 20 ans, l'actualité de la chanson, ce n'est que récemment, depuis mon arrivée à Ardentes, que j'écoute sur « YouTube » des morceaux actuels, et j'ignorais complètement cette artiste.

Malheureusement, les premières images que je vois d'elle la montrent morte, sur un brancard, recouverte entièrement par un sac de corps rouge, s'acheminant vers l'ambulance.

Elle est donc décédée le 23 juillet 2011, d'une overdose d'alcool. Ce qui est surprenant, c'est que cette vision déprimante d'une star tuée par ses excès ou ses addictions me ramène à mes premières recherches sur le sens de la vie, la philosophie, la métaphysique donc en quelque sorte, à une quête spirituelle.

Tout de suite, avec une grande intensité, je me rends compte que ce qui a quitté ce corps lors de cette date fatidique est la chose la plus importante au monde, que cet esprit, cette âme (peu importe le nom) qui s'est évadée de son enveloppe corporelle, mérite notre intérêt.

Néanmoins, je ne l'avais jamais entendu chanter de son vivant, ni même après, aussi je m'empresse de rattraper mon retard, en regardant ses multiples vidéos et concerts.

J'apprécie sa voix, son talent, mais je ressens surtout en l'écoutant, sa fragilité, ses fêlures et quelque chose d'infiniment triste, mais que je ne saurais définir.

Je prends alors une décision que je n'avais pas prévue, je vais utiliser le « temps libre » du confinement pour percer le secret qui se cachait derrière cette personnalité.

Après plusieurs jours de recherches, de lectures, de contacts, je réalise la difficulté de la tâche. De remarquables biographies ont été écrites, des articles ou des témoignages sont parus depuis sa disparition, mais me laissent sur ma faim.

Alors que je commençais à me décourager, une fulgurance s'est imposée de manière irrésistible : seule, Amy Winehouse pourra répondre à mes questions !

Fort de cette évidence, je vais essayer pendant plusieurs mois de prendre contact avec elle en utilisant plusieurs méthodes que je vais décrire dans ce livre...

Le lecteur l'aura compris, je crois en une existence concrète après la mort, puisque je mentionne dans l'introduction les termes âme, esprit... néanmoins je préfère parler ici de corps psychique.

Effectivement, dans ma jeunesse, j'ai étudié l'ésotérisme au sein de divers mouvements initiatiques traditionnels et j'ai pu avoir accès à des techniques qui prétendaient pouvoir ouvrir la porte qui sépare le monde des « disparus » de celui des « vivants ».

Ces pratiques, autrefois confidentielles, sont aujourd'hui disponibles sur internet grâce au « New Age » et on peut facilement en prendre connaissance. En allant sur certains sites, on s'aperçoit que beaucoup de personnes les utilisent avec plus ou moins de succès.

En ce qui me concerne, je pars sur l'idée d'utiliser trois modes opératoires différents :

- Le dialogue fictif (lettres ouvertes)
- La projection psychique
- L'écriture inspirée

Elles constituent les trois parties de ce livre.

Dialogues
 fictifs

Dans une vidéo, disponible sur YouTube, intitulée « La vraie histoire d'Amy Winehouse », son ancien confident et ami Alex Foden, qui était son coiffeur attitré, nous apprend que dans les dernières semaines de la vie d'Amy, il a eu un sombre pressentiment sur sa fin prochaine.

Malheureusement, elle n'écoutait pas les avis de ceux qui cherchaient à lui venir en aide, et pour l'atteindre et susciter son intérêt, il fallait utiliser les réseaux sociaux. Écoutons-le : « c'était la première fois que je m'adressais à elle publiquement, j'ai envoyé un message sur un réseau social parce que les seules fois où elle semblait nous entendre, c'est quand on s'exprimait publiquement.»

Sa meilleure amie Juliette Ashby dit la même chose et j'en déduis que le moyen idéal pour capter son attention, sur le nouveau plan vibratoire où elle se trouve, est d'utiliser la même technique.

Sur une longue période, je lui envoie des messages dans plusieurs réseaux afin d'instaurer ce que j'appelle un dialogue fictif. J'emploie cette expression, car c'est une communication à sens unique puisque logiquement la principale intéressée ne peut plus répondre.

Je poursuis ce curieux dialogue en lui posant des questions. Pour cela, je vais utiliser le principe de la «lettre ouverte» pour l'interroger sur tel ou tel aspect de sa vie.

De plus, j'emploierai pour rentrer en résonance avec elle, une invocation. De manière simple, je vais utiliser le ternaire, en citant dans chaque message trois fois son prénom avec intensité pour établir la communication désirée.

C'est une partie de ses messages fictifs, de ses lettres que je publie ici, mais vous verrez par la suite qu'ils m'ont entraîné bien plus loin que je l'aurais imaginé.

Première lettre ouverte du 18 novembre 2020

Amy, Amy, en regardant tes photos, en visionnant de nombreuses vidéos parues en 2003/2004, je suis impressionné par ton aspect solaire, c'est à dire par l'énergie que tu dégages dans tes attitudes corporelles.

Tu as le regard volontaire, une gestuelle assurée et on a l'impression que tu vas partir à la conquête du monde. Quand on analyse ces images, avec ton visage décidé et ta pose très altière, on pense que tu es en route vers la réussite et que rien ni personne ne pourra t'arrêter dans ton projet de vie.

Plus je te regarde et plus je suis frappé d'étonnement par ta détermination. Quel dommage Amy que pour des raisons qui t'appartiennent, tu n'aies pas pu garder jusqu'au bout cette attitude de conquérante que rien ne pouvait atteindre.

Deuxième lettre ouverte du 10 décembre 2020

Amy, Amy, quand ton premier disque « Frank » (en hommage à Frank Sinatra) est sorti le 20 octobre 2002, la couleur rose s'étalait en évidence sur la pochette. À cette époque, tu voyais effectivement « la vie en rose ».

Absence de forte pression, médias corrects et bienveillants avec toi et dans l'ensemble peu présents dans ta vie privée (je parle naturellement du tout début) tout cela laissait présager un bel avenir. Tu sais inconsciemment que tu vas réussir, mais malheureusement tu n'en mesures pas toutes les conséquences.

Amy, tu ne t'en rendais pas compte, mais en fait ce commencement c'était « l'âge d'or », la période où la chenille allait se transformer en papillon, mais hélas, comme chacun le sait, le papillon vit très peu de temps après son éclosion.

Troisième lettre ouverte du 02 décembre 2020

Amy, Amy, c'est toujours un plaisir de communiquer avec toi, par l'intermédiaire de ces « lettres ouvertes ». Ton destin me fascine et il m'incite à m'interroger fortement sur le sens de la réussite et de la célébrité.

De ton vivant, tu as obtenu rapidement (peut-être trop vite) la consécration professionnelle, cela t'a-t-il rendu heureuse ?

Non, en tout cas pas complètement. Tu étais célèbre, adulée et même idolâtrée par certaines personnes, cela t'a t-il rendu joyeuse ?

Non, de plus tu gagnais beaucoup d'argent, cela t'a t-il amené le bonheur sur ton chemin ? Non, bien évidemment.

Enfin tu as connu la passion amoureuse, ce qui a donné naissance à une magnifique chanson « Back to Black » mais as-tu été épanouie par cette liaison ?

Non, peut-être au début, très certainement, mais on connaît la suite et cette passion irrésistible est devenue rapidement destructrice.

Amy tu es l'une des rares artistes qui par l'exemple de sa vie me pousse à m'interroger sur le sens du succès et dans certains de tes regards (les yeux ne mentent jamais) je ressens que tu voulais autre chose que ce parcours, que cette réussite.

J'espère que de là où tu te trouves maintenant, tu as enfin trouvé ce que tu cherchais et ce que tu voulais au fond de toi…

Quatrième lettre ouverte du 19 novembre 2020

Amy, Amy, en te regardant, en t'écoutant, il me vient une interrogation presque philosophique : comment peut-on naître avec autant de talent ?

Hérédité, acquis artistiques obtenus dans une vie antérieure ou simple caprice du destin ?

À propos d'une autre grande chanteuse (Janis Joplin) disparue tragiquement, une artiste et auteure Nathalie Yot) a dernièrement écrit dans une biographie qui lui était consacrée : « *elle a vécu à cent à l'heure en chantant comme si sa vie en dépendait, car justement sa vie en dépendait* ». En ce qui te concerne, c'est peut-être le secret de ta précoce réussite, ta vie était liée à l'art de chanter et tu ne pouvais qu'être génial dans ce domaine, car « ta vie en dépendait ».

Suis-je dans le vrai ou est-ce que je me trompe ?

Amy, toi seule à la réponse....

Cinquième lettre ouverte du 23 novembre 2020

Amy, Amy, c'étaient les premières années, les débuts de la période insouciante et pleine d'espoir, car tu savais que tu allais réussir.

Alors que tu n'étais pas encore connu du grand public, des professionnels de l'industrie du disque pariaient déjà sur toi. Il était évident, pour des spécialistes avertis, que tu allais devenir une chanteuse reconnue.

Tu étais déjà mise sur un piédestal et une célèbre photo représente cet état de fait. On te voit perchée, assise en hauteur sur un escabeau donc dominant la situation.

Sur le plan symbolique, tu étais « en haut » et il ne fallait surtout pas tomber de cet emplacement, car comme le dit la vieille expression « plus dure sera la chute ».

En effet, plus la réussite est élevée, et plus la chute (la descente aux enfers) est importante et bien souvent ingérable.

En étant ainsi élevé, en gardant une attitude intérieure adéquate et inflexible, tu aurais pu résister aux attaques sournoises de la « société du spectacle » et aux prédateurs du « show business ».

Amy, si on pouvait remonter le temps, revenir en arrière, on aurait essayé de t'aider, mais le mal est fait.

Qu'en penses-tu ?

Rencontre avec Amy Winehouse - La survie de l'âme

Sixième lettre ouverte du 22 février 2021

Amy, Amy, la gloire, la réussite professionnelle c'est bien et cela peut devenir un projet de vie.

Cependant, le plus important c'est l'harmonie intérieure, la paix avec soi-même et l'acceptation de sa propre personnalité.

Lors de tes premières interviews, tu sembles épanouie, confiante en l'avenir et effectivement tu peux être fière de ton parcours artistique. Cependant, es-tu réellement heureuse ?

Tu le sais bien, deux grandes et immenses chanteuses (Billie Holiday et Janis Joplin) et bien d'autres, ont connu la célébrité, mais n'ont pu lutter contre leur propre « auto-destruction », amenée en partie par le succès et ses conséquences.

Il faut que tu fasses un travail d'introspection (je sais bien que cela est difficile), que tu étudies « ta psyché », ton être interne pour arriver à t'aimer. Aucune autre personne ne pourra t'apporter le bien-être que tu recherches depuis ton enfance.

Oui Amy, tu mérites d'être aimée par toi-même, c'est le seul et unique moyen pour combattre ton « spleen ».

Septième lettre ouverte du 6 avril 2021

Amy, Amy, juste une petite remarque pour commencer cette lettre. En France, on dit souvent « boire pour oublier », mais dans ton cas, c'est pour oublier quoi ?

Personne n'a le droit de te juger et je respecte tes choix de vie, mais c'est toujours avec tristesse que je te regarde avec un verre à la main, car l'alcool (comme la drogue) n'était pas pour toi une solution, mais un anesthésiant psychologique qui te soulageait… temporairement.

Je peux comprendre que dans ton infinie souffrance tu ai eu recours à diverses substances, mais il est probable qu'elles ont accentué ta dépression.

Hélas, tu n'avais que cela pour essayer de vivre, car une partie de ton entourage n'écoutait pas tes « appels au secours », mais le remède que tu utilisais était pire que le mal et c'est triste à en pleurer.

Tu vivais dans ton univers intérieur ou personne ne pouvait pénétrer. Malheureusement, c'est parce qu'on ne pouvait accéder à ta psyché, à ton monde intérieur et personnel qu'on n'a pas pu, hélas, te sauver.

Pour te venir en aide, il aurait fallu franchir cette frontière interdite, mais on ne pouvait pas te comprendre et on ne savait pas comment s'y prendre.

Quel dommage et quel échec,
c'est pour nous tous un aveu d'impuissance
et un immense gâchis.

Cependant, ta défaite est ta victoire, car aujourd'hui, tu es toujours écoutée et appréciée, et même si plusieurs années se sont écoulées depuis ton départ, tu es toujours dans nos pensées et cela, c'est la vraie et ultime « victoire » dont tu peux être fière.

Merci

Amy

Rencontre avec Amy Winehouse - La survie de l'âme

Huitième lettre ouverte du 25 novembre 2020

Amy, Amy, sur un ancien « tabloïd anglais » on peut te voir en train de quitter ton domicile. Pas de sourire apparent, mais on peut lire sur ton visage un signe de prise de décision.

Tu t'apprêtes à partir avec ton sac,
mais pour aller où ?

Symboliquement, on peut imaginer que tu vas vers ton destin et on a envie que tu ailles encore plus vite, que tu accélères le pas, pour dépasser le malheur, le doubler et arriver à destination en l'ayant laissé sur place.

À un moment de ta vie, tu aurais pu accomplir cela, aller si rapidement et dans une attitude intérieure appropriée, pour, sur ta lancée, détruire les pensées négatives qui n'auraient pu te suivre dans cette course au bonheur.

En fait, et je déplore, ces pensées obscures t'ont finalement rattrapée, mais je persiste dans mon analyse, tu aurais pu t'en sortir, car rien n'est inéluctable.

Qu'en penses-tu Amy ?
Mais je sais bien que toi seule à la réponse...

Neuvième lettre ouverte du 5 janvier 2021

Amy, Amy, qu'y a-t-il réellement derrière ton avenant visage, un ange ou un démon ?

Difficile de le savoir, car ta personnalité est complexe, mais cela fait partie de ton mystère.

« Qui fait l'ange fait la bête ». La bête symbolise tes démons intérieurs, qui veulent te détruire en se nourrissant de ta « déprime » et de ton « mal de vivre », alors que l'ange représente tes instants de bonheur qui transparaissaient dans certaines vidéos ainsi que dans tes joyeuses mimiques.

Amy, je te souhaite de tout cœur que sur le plan vibratoire, où tu te situes maintenant, ce soit l'ange qui a enfin triomphé de la bête.

Dixième lettre ouverte du 21 novembre 2020

Amy, Amy, tu as terriblement souffert des « paparazzis », de leur soif de portraits volés, de l'acharnement médiatique qui t'empêchait de vivre normalement.

Cependant, il faut reconnaître que ces images (prises avec ou sans ton accord) nous permettent d'une certaine manière, de parfois mieux te connaître.

Ces photos m'inspirent, car elles m'amènent à tenter une nouvelle analyse à ton sujet. Effectivement, à travers une pose, on peut peut-être appréhender l'âme ou la personnalité du modèle, ou essayer de s'approcher d'une forme de vérité à son encontre.

En ce qui me concerne, plus je vois ces clichés et plus je suis fasciné par ta double personnalité. En fait, on alterne, dans tes différentes expressions, entre la joie, l'indifférence ou la peine.

Chacune de tes attitudes montre que tu attends « autre chose », que tu es prête pour un autre « ailleurs ». Je ne pense pas que tu étais dans une démarche philosophique, mais tu cherchais probablement une autre route.

Tu es pleine de contradictions, car tu voulais être connue, pour que les gens en t'écoutant, oublient leurs soucis, mais tu laissais entendre que le « système » te détruirait si tu étais trop médiatisée.

En fait, tu voulais cette réussite tout en la redoutant, et cette crainte était réelle puisque ce succès a probablement causé ta perte.

Peut-être que dans ton destin ou parcours de vie, tu as eu plusieurs choix et que la célébrité n'était pas pour toi, la voie de la réalisation personnelle ?

Est-ce une erreur d'aiguillage dans ton existence ?

En même temps, si tu étais restée anonyme, mais heureuse, c'est nous qui serions lésés. C'est paradoxal, mais ton malheur a fait notre bonheur puisque ta musique nous a rendus joyeux.

C'est bien ce qui me trouble et comme on dit : « est-ce que le jeu en valait la chandelle ? »

Toi seule as la réponse, Amy...

Rencontre avec Amy Winehouse - La survie de l'âme

Onzième lettre ouverte du 18 janvier 2021

Amy, Amy, tu nous as quittés il y a maintenant neuf ans et cet après-midi, je me suis posé la question : qu'aurais-tu fait si tu n'avais pas succombé le 23 juillet 2011 ?

Aurais-tu trouvé une échappatoire à tes malheurs ?
Aurais-tu pu poursuivre ta carrière ou est-ce que ces neuf années supplémentaires auraient-elles été de trop ?

Je te reconnais un immense talent, accompagné par une voix incomparable et tu as marqué de ton empreinte toute une génération, cependant quand je revois certaines vidéos, je pense que tu étais à bout et que tu n'aurais pas pu (compte tenu de ton état) assurer une continuité artistique.

De plus, personne n'a pu réellement t'aider les précédentes années, quand ta dépression s'est manifestée, et il n'est pas sûr que si tu avais vécu plus longtemps, tu aurais pu recevoir un efficace soutien. J'ose espérer que de ton vivant, on a tenté de te secourir, mais visiblement sans résultat positif.

Est-ce que ton décès causé par une overdose d'alcool n'était pas pour toi (au niveau inconscient) une solution pour fuir cette souffrance intérieure ?

Soyons clairs, je ne parle pas ici d'une forme de suicide inconsciente, mais plutôt d'une réaction corporelle pour s'échapper de la douleur morale, le corps prenant le pas sur le cerveau.

Amy, ce n'est qu'une hypothèse, mais aujourd'hui tu aurais 39 ans et dans quel état serais-tu si la dépression avait continué son œuvre ?

Mais je suis probablement dans l'erreur, car peut-être aurais-tu rencontré un « psychologue » ou un « coach », un nouvel amour ou bien une nouvelle source d'inspiration qui t'aurait définitivement sorti des années sombres.

Qui sait Amy, de quoi aurait été ton destin si tu avais survécu ?

Douzième lettre ouverte du 28 novembre 2020

Amy, Amy, je regarde l'une de tes dernières photos prises trois jours avant ton départ. Je trouve ton visage triste et inquiet. Avais-tu un pressentiment sur ta fin prochaine ?

Ta mélancolie est adoucie par l'éclat de tes yeux et nous n'avons pas à être tristes devant ce cliché, car en fait, tu es toujours là.

On sent ton essence impalpable qui n'a rien à voir avec les documents te concernant (vidéos, disques, interviews...) quelque part présente parmi nous.

On ressent une présence effective qui se situe sur un autre plan. C'est peut-être en allant sur ce plan que l'on peut communiquer avec toi.

Est-ce possible ? Toi seule as la réponse, Amy...

Rencontre avec Amy Winehouse - La survie de l'âme

Treizième lettre ouverte du 23 juillet 2021

« L'amour est la force la plus puissante de l'univers, l'amour transcende la mort ».

Amy, Amy, cette phrase a été écrite par un membre de ta famille et aujourd'hui, 23 juillet, date anniversaire de ton décès, elle prend tout son sens.

Sur un site internet, je vois devant ta tombe, un fan apporter des fleurs. Je ne sais pas qui est cette personne, si elle t'a connu ou pas, mais peu importe mes interrogations, car l'essentiel c'est l'amour qu'elle te porte en venant déposer un bouquet.

Je pense qu'aujourd'hui, beaucoup d'admirateurs viendront se recueillir à cet endroit et ceux qui habitent dans un autre pays, et qui n'ont pas les moyens financiers pour se rendre à Londres, te rendront hommage et seront aussi présents par la pensée.

En fait, ce qui peut apparaître comme un drame ou une défaite (ta disparition) te renforce encore plus, et contribue à développer ta légende.

Par delà le temps et l'espace, des gens qui t'ont découvert sur le tard, après ton décès, ou qui t'ont apprécié de ton vivant, se fédèrent en quelque sorte (à travers les réseaux sociaux) pour raviver ta mémoire, d'une manière ou d'une autre, et parfois en créant de belles choses (dessins, peintures, poèmes, création de poupées...).

J'éprouve beaucoup d'admiration pour tes fans, car ils sont réceptifs à la longueur d'onde que tu as toujours manifestée, à savoir l'amour, la créativité et la construction artistique.

La vision de cette personne contemplant, les larmes aux yeux, ta sépulture, parait triste au premier abord, mais elle nous révèle l'émotion que tu exerces encore sur ton public. Celui-ci doit savoir que tu n'étais pas dans le néant, à cet endroit, mais ailleurs...

De cet ailleurs, peut-être plus proche de notre monde matériel que nous le pensons, tu continues ton parcours, et ce qui est le plus important, tu restes en contact avec ceux qui t'apprécient.

Même si ce fan pleure, donc ressent une profonde tristesse, il est malgré tout, à cet instant précis, en contact avec toi.

Merci Amy.

Rencontre avec Amy Winehouse - La survie de l'âme

La partie sur les dialogues fictifs se termine maintenant, mais je tiens à signaler qu'il y a en fait, plus de treize lettres ouvertes envoyées. Probablement une bonne cinquantaine et je n'en ai sélectionné qu'un petit nombre, en choisissant celles qui me paraissaient être les plus significatives pour ce livre.

Quel est le résultat amené par ces dialogues ? Cette communication (via internet) m'a-t-elle permis, directement ou indirectement, de rentrer en contact avec cette chanteuse ?

Oui, par l'intermédiaire d'une vision onirique, qui a déclenché par la suite, des manifestations concrètes et tangibles. Un songe très intense m'a ouvert les portes du « Royaume d'Hadès » et l'aventure pouvait commencer.

« *Je rêve que je pars à la rencontre d'Amy, en utilisant comme moyen de transport un train. Je dois descendre à la prochaine gare (terminus) pour ce rendez-vous, mais je suis surpris, car juste au milieu du parcours, je la retrouve au wagon-bar.*

Nous avons une discussion dont je ne me rappelle plus la teneur, mais je suis troublé par un détail physique, puisqu'elle a des taches de rousseur sur son nez et le rêve se termine par la promesse de se revoir et au réveil, j'essaye d'interpréter cette histoire. »

La rencontre imprévue au milieu du voyage, alors qu'elle devait se faire en arrivant à destination, me montre qu'Amy peut faire 50% des efforts psychiques, pour de futurs contacts.

C'est ce que font tous les « disparus » pour joindre leurs proches, restés sur le plan physique, ils accomplissent la moitié du chemin pour « apparaître » mais il faut, de notre côté, faire le reste et apprendre à être réceptif.

Enfin, et c'est pour moi la preuve de la « réalité » de ce rêve, ce sont les fameuses taches de rousseur. Avant cette « vision onirique », je n'avais vu que des photos classiques où l'on ne pouvait aucunement s'apercevoir de ce détail et ce n'est qu'après le 6 avril 2021, que j'ai effectivement regardé un cliché qui montrait cela.

Comment aurais-je pu deviner
cette particularité ?

Projection psychique

Nous allons, dans cette deuxième partie, aborder l'aspect le plus pratique de cet ouvrage, à savoir la méthode pour transmettre dans « l'au-delà », un message. La technique est simple et sans danger si on l'applique avec concentration, sérieux et rigueur.

Beaucoup d'auteurs font référence à la physique quantique pour étayer leurs hypothèses sur la transmission psychique. En ce qui me concerne, je vous propose de tester cette méthode et de voir par vous-même si elle fonctionne ou pas.

Elle existe sous différentes formes et a été enseignée depuis des siècles par ce que l'on désignait sous le nom « d'Écoles de Mystères ».

Avant de commencer, vous devez prendre en compte le postulat suivant énoncé par Jane Roberts dans son livre « l'enseignement de Seth » :

« Nous pouvons être dans plusieurs endroits à la fois. Toutes les fois que vous pensez à quelqu'un avec émotion, vous lui envoyez une contrepartie de vous-même, qui chemine sous l'intensité de la matière, mais sous une forme précise.

Par le truchement d'une forte concentration émotionnelle, vous pouvez créer une forme et la projeter vers une autre personne qui peut alors la percevoir consciemment ou inconsciemment. »

Cette forme, que l'on appelle corps astral ou corps psychique, peut contacter aussi bien une personne vivante qu'une autre décédée. La pratique est la même, mais les résultats sont différents dans l'un ou l'autre cas.

La visualisation est la clef qui ouvre la porte des « autres dimensions ».

Rentrons maintenant dans le vif du sujet.

Vous allez vous asseoir confortablement dans un lieu calme, si possible dans l'obscurité.

Ensuite, décontractez toutes les parties de votre corps, fermez les yeux et faites cinq ou six respirations profondes.

Rentrez en relation avec la personne de votre choix en visualisant avec intensité son visage, en la voyant devant vous, toujours les yeux fermés.

Procédez très lentement, en reconstituant par la pensée, les traits du sujet et en fixant surtout ses yeux.

Dès que l'image est bien restituée, au point d'imaginer que la personne est vraiment devant vous, vous allez projeter votre conscience vers elle. C'est très subtil, car il faut oublier votre corps, l'endroit où vous êtes, et sentir votre conscience se projeter dans la vision que vous avez créée.

Appelez ensuite mentalement la personne par son prénom, trois fois puis entamer une communion psychique, toujours en la fixant du regard mental.

Enfin, et c'est le plus difficile, une fois que tout ceci sera fait avec une grande concentration, vous devrez pour recevoir un message, être réceptif et donc faire le vide dans votre esprit, ne plus penser à rien et oublier votre visualisation.

Si le défunt décide de répondre favorablement à votre tentative de contact, c'est lors de ce « silence intérieur » qu'il se manifestera.

Personnellement, j'ai obtenu des signes évidents de la présence d'Amy Winehouse. J'ai vécu avec ces expériences, des événements qui dépassent l'entendement, que je n'évoquerai pas ici, mais dès les premières projections psychiques, j'ai ressenti fortement l'essence ou l'âme de cette artiste. Cela ne peut se décrire par des mots, mais je la percevais sans la voir.

Puis j'ai pu faire des « rêves prophétiques » où je prenais conscience d'une partie d'un livre sur Amy, que je n'avais pas encore lu. Avant d'ouvrir les ouvrages que je venais d'acheter, je connaissais déjà certains passages ou photos que j'avais vus en rêve.

Enfin, des synchronicités (le hasard n'existe pas), m'ont mis en contact avec des amis de cette chanteuse, alors qu'il n'y avait aucune raison pour que je fasse leur connaissance.

Les résultats seront différents pour chaque lecteur, car chaque « trépassé » a son propre langage pour communiquer avec ses proches et de plus, certains d'entre vous ont, peut-être à l'état latent, des dons de médiums, ce qui facilitera ce dialogue.

Pratiquez, persévérez, essayez cette méthode et ainsi vous jugerez « l'arbre à ses fruits ». Cependant, la projection a ses limites et pour un contact encore plus précis, il faut probablement en passer par l'écriture inspirée…

L'écriture inspirée

L'écriture inspirée appelée aussi écriture canalisée, se fait par l'intermédiaire d'un médium. Celui-ci contacte un esprit en regardant par exemple une photo et se laisse guider en écrivant directement le message ou ce qu'il voit.

Pour ma part, j'ai voulu qu'Amy, en plus des dialogues « fictifs », et de la projection psychique, s'exprime en direct par l'écriture, en utilisant une tierce personne.

Je remercie infiniment madame Christelle Cardeilhac, remarquable médium, qui a eu la gentillesse de me transmettre trois importants messages. L'authenticité de ceux-ci ne fait pas l'ombre d'un doute quand on a étudié la vie de cette icône et que l'on a soi-même, été en contact avec elle.

Première lettre dictée par Amy

Une enfance difficile, des rires, des colères, de la mélancolie, du chagrin, difficile de donner et de ne rien recevoir, la grande blessure.

Dans l'engrenage du showbiz, la fête, les soirées arrosées et pleines de galères, des souffrances que je pensais assouvir avec cette drogue, qui n'aurait pas dû me tendre la main. Je n'ai pas su me contrôler. *Un nouvel amour m'a sorti de là, ma fille, mon amour, mon espoir, ma délivrance, je me sors de tout cela et encore la solitude. Difficile de tenir le cap du succès trop lourd, je n'arrête pas. Je peux, je cogite, je ne sais plus mal de ce monde de rapace.

Des voyages, de la route, des concerts, c'est l'explosion, mon petit cœur fragile je bascule, un papa absent.

J'ai l'impression de ne plus exister, je pleure souvent dans la nuit, je déprime, je bois, je fais n'importe quoi.......... des addictions que je ne peux contrôler et j'ai dérapé, trop de mélanges.

Pardon, pardon à ma famille, à ma fille que j'ai aimée et pas souvent regardée, des fleurs blanches, je vous remercie. Mes fans, mes amours, ma vie, mais sachez que la solitude malgré tout m'a énormément pesée. Embrassez mon frère. La rage de vaincre, j'ai lâché, pardon.

*Une semaine après le décès d'Amy W. retrouvée morte à son domicile londonien, le Daly Mirror affirme que la diva Soul avait entamé le processus d'adoption d'une fillette de 10 ans prénommée Dannika, et avait engagé des avocats pour l'aider.

Dans cette lettre,

elle emploie trois fois le terme « Pardon »

et au cours d'un contact « psychique »

j'ai entendu ce mot, bien avant ce message.

Deuxième message

Des amours, de la joie, des pensées, du chagrin, des hommages, je plais, je suis belle et mal dans ma peau. Personne ne comprend mon amour que je donne et que je ne reçois pas.

Partie trop tôt. Vous ne me comprenez pas, donner, donner et rester seule.

Vous n'avez rien vu, éblouis par ma tendresse, mon sourire, vous me manquez.

Merci - souvent sollicitée, je n'en pouvais plus.

Des dissensions, batailles autour de moi, cette voie ne me convenait plus.

Troisième message

Bonjour, je vais bien. Là-haut en paix. Plus dans la tourmente et dans l'excès.
Plus de violence.

Je vois une fille heureuse.
Je danse *flamenco, des enfants sont proches de moi (petit frère).

L'alcool, les médicaments sont plus là.
Je vis heureuse, je chante et apporte beaucoup, mes poésies sont belles.

L'amour que je n'ai pas eu en bas
est maintenant pour moi.

Je vole, je suis bien - en paix.
Les sardines, l'odeur des barbecues.

Les roses rouges, du rythme qui m'élance vers le succès. Je sais que l'on parle de moi en bas et je vous en remercie.

Un premier livre, un deuxième, des arbres noirs et blancs, la nature en couverture.

Merci de me laisser vivre en paix. +

*L'allusion au flamenco prend tout son sens quand on regarde sur une photo prise par un paparazzi, Amy portant elle-même une splendide table qu'elle ramène à son domicile. Celle-ci est décorée de motifs espagnols, on peut voir aussi une jeune andalouse en tenue traditionnelle et surtout, bien en évidence, un couple de danseurs de flamenco. Visiblement, elle apprécie la culture ibérique.

Conclusion

Dans le livre consacré à sa fille, Mitch le père d'Amy, à la fin de son épilogue écrit : « *Amy était une fille au grand cœur. S'il vous plaît, gardez-lui une place dans le vôtre.* »

À la mesure de mes moyens, j'ai essayé de ne pas l'oublier en rédigeant ces messages et je suis allé au-delà, puisque j'ai décidé d'instaurer une communication avec cette artiste.

Je ne demande pas au lecteur de « me croire sur parole » mais s'il est intéressé par « la vie après la mort », de tenter ces expériences et de se faire une opinion par lui-même.

Enfin, en allant régulièrement sur des sites consacrés à cette chanteuse, je suis très souvent ému par les fans qui, dix ans après, sont toujours aussi fidèles. Voici ce qu'a écrit l'un d'entre eux :

« Ce soir de juillet 2004, je découvre Amy au festival North Sea Jazz aux Pays-Bas et je mets un mois à m'en remettre. Elle ne me quittera plus jamais, jusqu'à mon dernier souffle.

Je sais que sur mon lit de gériatrie (le plus tard possible) je partirai avec Amy dans la tête. Je partirai avec la volonté de la retrouver. »

Ceci est très émouvant, mais en ce qui me concerne, je pense qu'il n'est pas nécessaire d'attendre sa fin prochaine (le plus tard possible) pour rejoindre Amy, ou tout autre décédé, mais que la communication peut se faire maintenant. Ce que j'ai essayé de démontrer dans ce livre.

Vie et mort d'Amy Winehouse
(bref récapitulatif)

Amy est née le 14 septembre 1983 à Londres. Initiée dès la petite enfance par son père à la musique jazz, elle va manifester très tôt des dons exceptionnels pour le chant.

Dès dix ans, elle va fonder avec sa meilleure amie *Juliette Ashby*, un groupe de rap « Les Sweet'n'sour' ».

Elle écrira ses premières chansons dès treize ans et connaîtra également ses premières périodes dépressives.

Grâce à un ami, *James Tyler*, elle signera son premier contrat avec Universal en 2002.

Son premier album, *Franck*, paru en 2003, connaîtra un succès d'estime, mais c'est son second disque **Back to Black** qui l'amènera en 2007, à la consécration internationale.

Elle buvait de l'alcool depuis un certain temps, mais c'est la rencontre avec celui qui allait devenir son mari, Blake Fielder-Civil, qui l'a amené à consommer des drogues dures (héroïne, crack...).

Voici ce qu'écrit son père Mitch Winehouse à ce sujet :

Après la sortie de Franck, Amy débutait ses concerts en traversant la scène et en scandant « les drogues dures c'est pour les nuls, les drogues dures c'est pour les nuls...». Malgré son usage du cannabis, elle s'était toujours fermement opposée aux drogues dures. Elle refusait catégoriquement d'y toucher. Blake Fielder-Civil a changé tout ça.

Cependant, les relations destructrices avec cet homme ont stimulé son talent et elle a écrit, lors de leurs crises amoureuses, de merveilleuses chansons.

Après s'être séparée de son époux, elle a réussi à vaincre son addiction pour la drogue, mais n'a pas pu supprimer son intense besoin de boire.

Elle est décédée le 23 juillet 2011 d'un coma éthylique, seule, à son domicile, dans le célèbre quartier de Camden.

Annexes

1) Article reprenant un extrait du Sun, paru dans le journal « Le Parisien » dans la rubrique « La Parisienne People » le 2 janvier 2018 ACD :

Esprit es-tu là ? Mitchell Winehouse, le père d'Amy Winehouse affirme qui l'esprit de sa fille lui rend régulièrement visite, six ans après sa mort. L'homme de 67 ans raconte au Sun qu'il arrivait que le fantôme de sa fille apparaisse dans sa maison du Kent et s'asseye au bout de son lit.
« Beaucoup de choses étranges se passent. Son esprit vient et s'assied juste là et on dirait qu'elle me regarde avec son beau visage. Je lui demande si tout va bien parce que je suis nerveux quand elle est là. Mais c'est réconfortant d'une certaine façon de savoir qu'elle est là près de moi » a expliqué l'ancien chauffeur de taxi au tabloïd anglais.

2) Un merle semblable à son tatouage

D'après lui, l'esprit de sa fille lui rend aussi visite sous la forme d'un merle qui ressemble comme deux gouttes d'eau à l'oiseau qu'Amy Winehouse avait tatoué sur le bras.

« La semaine après sa mort, j'étais chez ma sœur et l'on a entendu un bruit sourd et un merle qui ressemblait au tatouage d'Amy est rentré dans la vitre. Nous l'avons récupéré et posé sur un perchoir. Ça s'est passé la nuit, quand les oiseaux ne volent pas mais il est revenu et s'est assis sur mon pied. Nous l'avons à nouveau mis dehors et il est revenu s'asseoir entre nous deux et s'est mis à chanter.

Maintenant je vois des merles tout le temps et je me dis : Ok c'est seulement un oiseau. Mais c'est elle, j'en suis sûre » a confirmé le père de la défunte star au Sun.

Où trouver la trace d'Amy à Londres

Aller à la recherche des lieux où a vécu cette Diva, c'est aussi communiquer avec son essence. On peut se rendre devant son dernier domicile au 30 Camden Square, aller au Roundhouse et aussi à Hawley Arms, son célèbre Pub préféré. Certains vont vouloir voir sa statue, au cœur de Camden et son marché, mais je ne la reconnais pas dans cette sculpture. Cependant, cette œuvre d'art doit avoir son utilité puisque des admirateurs venant de tous les pays, l'admirent au cours de leur séjour dans la capitale anglaise. En ce qui me concerne, je pense que l'établissement où l'on peut la retrouver est le Jazz After Dark, situé au 9 Greek St, London W1D 4DQ, à Soho.

Dans l'un des meilleurs ouvrages publiés sur Amy, « Amy Winehouse no limits » par Pascal Louvier, l'auteur nous raconte la première visite de cette future célébrité au club de Jazz dirigé par Sam Shaker. C'est dans ce café restaurant dédié à la musique qu'elle va (sur une table de marbre) écrire son célèbre tube « Back to

*La statue d'Amy Winehouse est située dans le Camden Market,
à Camden Town dans le nord de Londres.*

Black ». L'auteur du livre nous fait la remarque suivante : « Elle est partout dans ce club aujourd'hui. Ses yeux de biche tourmentée nous regardent ». Effectivement, les portraits d'Amy sont présents, accompagnent les visiteurs et ils restituent avec justesse son âme. C'est sur sa demande que Sam a peint une cinquantaine de tableaux la représentant. Dans chaque toile, on retrouve la beauté, le talent et la personnalité de cette icône. C'est véritablement de l'art mystique car ce peintre nous restitue « la véritable Amy » car il a été le confident et l'ami de cette muse.

En allant sur internet, sur le site « Art by Sam Shaker » vous pouvez voir toutes ses toiles mais si vous le pouvez, je vous conseille si vous allez un jour à Londres, de vous rendre dans son club. Beaucoup d'artistes se produisent dans cet endroit et l'idée d'Amy était de faire de « Jazz After Dark » à la fois un club de Jazz mais aussi une galerie d'art, afin que l'art et la musique soient réunis et c'est ce qui a été fait.

Bibliographie

La liste des ouvrages sur Amy et l'au-delà aurait été trop longue, j'ai donc sélectionné les sept titres qui me paraissent les plus importants et qui permettront au lecteur d'approfondir le sujet s'il le désire...

Mitch Winehouse

Amy ma fille - Éditions J'ai lu

Pascal Louvier

Amy Winehouse « no limits » - Éditions l'Archipel

Sous la direction de Naomi Parry

Amy Winehouse, Flash back - Éditions de la Martinière

Jane Robert

L'enseignement de Seth - Éditions J'ai lu

Stéphane Allix

Après... Quand l'au-delà nous fait signe -

Éditions Le livre de poche

Romuald Leterrier / Jocelin Morisson

Se souvenir de l'au-delà - Éditions Guy Trédaniel

Jean-Claude Bourret / Jean-Pierre Petit

Métaphysicon - Éditions Guy Trédaniel

© Eric Laloeuf, 2023

Édition : BoD – Books on Demand, info@bod.fr
Impression : BoD – Books on Demand,
In de Tarpen 42, Norderstedt (Allemagne)

Impression à la demande
ISBN : 978-2-3224-3728-3
Dépôt légal : Septembre 2022